耳鑑定

耳鑑定®協会代表
耳つぼマイスター®
後藤 恵

自由国民社

はじめに

「なぜ人の心が気になるのだろう？」

そう考えたことはありませんか？
それは「人の心が読めない」からです。

読めないから、相手を誤解したり、疑心暗鬼になったりして、人間関係の大きなストレスになるのです。

でも、もし人の心が読めたなら、そんな不安から自由になれるのではないか。ストレスで心を消耗し、時間を浪費することも減るのではないか。大切なあの人と、より良い関係を築けるのではないか……。

そう思い、体系化したのが「**耳鑑定®**」です。

200以上のつぼが集まり、胎児を逆さにしたような形から、中国では人間の体を象徴的に表す器官と考えられてきた「耳」。
その表面に出る痛みや赤みなどの「反応点」から、その人の性格や体調を読み取ります。
「ブライダル耳つぼジュエリー®」という、花嫁の体調管理と装飾を兼ねたセラピーにおいて延べ約2万人の耳を見た経験と、陰陽五行説や統計学を融合させて、独自の鑑定術を編み出しました。

「耳鑑定®」とは、いわば耳の発する〈内なる声〉に耳をかたむけること。

この技術を用いることで、自分の性格はなぜこうなのか？といった内面の悩み、あるいは気になる人との相性、相手を不快にさせない言動、ビジネスでの良好なパートナーシップの構築、お客様のニーズに沿った商品やサービスの提案など、あなたの人生の様々な局面に良いアプローチをすることができます。

現代社会は、とかく人間関係に始まり人間関係に終わりがち。
「耳鑑定®」で、あなたの生活をより豊かで素晴らしいものにしていきませんか？

耳鑑定®協会 代表　後藤 恵

目次

そもそも「耳」ってどんな器官？

耳は大きく「外耳《がいじ》」「中耳《ちゅうじ》」「内耳《ないじ》」に分けられ、さらに外耳は「耳介《じかい》」と「外耳道《がいじどう》」に分けられます。

このうち、外に突き出ている耳介を、私たちは一般的に耳として認識しています。

耳介の機能としては**〈周囲の音を集める〉**ということの他、動物によっては体温調節にも使われています。

耳介

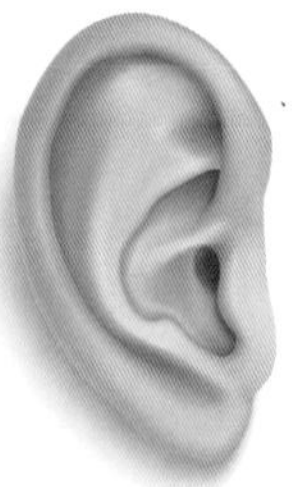

しかし、それだけではありません。

1956年に**耳介療法**（中国における耳つぼ※1）を確立したフランスの神経科医のポール・ノジェ博士※2は、こう言っています。

「単に凹凸の軟骨組織ではない。それは内臓と密接な関係がある。内蔵に障害があれば対応する反応は（耳介を含む）外耳に現れる」

つまり、人間の体の中で変化が起こると、耳にそのサインが出るのです。

そのサインが**「反応点」**です。

反応点とは？

ポール・ノジェ博士は、耳介の研究において、その形が**〈逆さま状態の胎児〉**に似ていることに注目しました。

つまり、耳を全身・脳・胴・四肢《しし》のレプリカと見立てたのです。

なので、体のある部分の生理的バランスが崩れると、そことつながる耳介の特定の部分に痛みやかぶれ等の反応が起こるのです。

※1　中国の伝統医学「中医学」の一つ。2000年以上の歴史を持ち、古代中国の医学文献である「黄帝内経《こうていだいけい》」に記載されている。皇帝を始めとする地位の高い階級のみが受療できる療法として厚い加護のもとに発展し、徐々にヨーロッパを始めとする全世界に広がって行った。

※2　ヨーロッパの伝統医療として伝わっていた耳介への治療を、耳介に分布する神経の反射作用であるとして西洋医学の立場から初めて研究。1956年に耳介療法を確立し、マルセイユで論文を発表した。

耳つぼと陰陽五行説《いんようごぎょうせつ》

一方、中国で独自に育《はぐく》まれてきたのが「**耳つぼ**」です。

耳つぼとは全身に361点あるといわれる「**経穴**《けいけつ》」のうち、耳にあるものの総称で「**耳**《じ》**穴**《けつ》」とも言います。その数は200以上にものぼります。

経穴は中医学において**気**《き》（＝エネルギー）と**血**《けつ》（＝栄養）の通り道である「**経絡**《けいらく》」の上に存在します。この経絡の流れが滞ると、体調の崩れや痛みとなって現れます。

耳にあるつぼを刺激することで、この経絡の流れをスムーズにし、体の不調を整えるのが**耳つぼ療法**です。

身体のポイントの大半を耳からアプローチできるというだけで、耳がいかに人間の体と密接した器官であるか分かるでしょう。

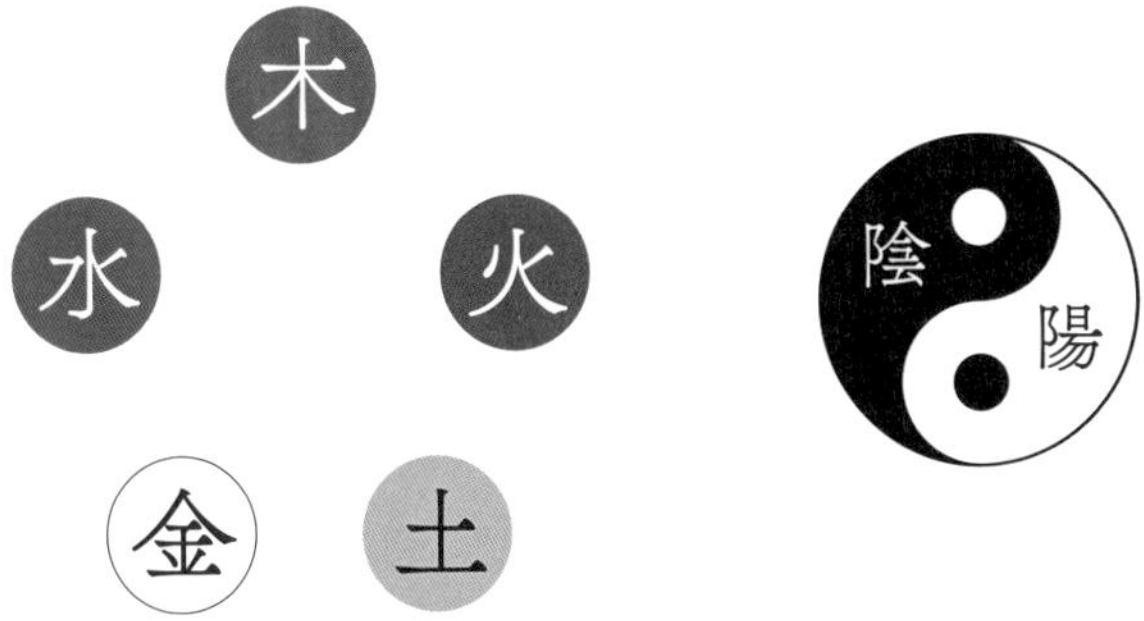

この耳つぼに深く関係してくるのが「**陰陽**《いんよう》」と「**五行**《ごぎょう》」です。

「陰陽」は古代中国が発祥で、森羅万象、宇宙のありとあらゆる事物をすべて**陰**《いん》と**陽**《よう》の2つに分類するという思想です。

陰と陽はお互いに対立する属性を持った2つの気で、この世の万物の変化を引き起こすと考えられています。

「五行」も古代中国を発祥とする自然哲学の思想です。〈万物は**木**《もく》・**火**《か》・**土**《ど》・**金**《ごん》・**水**《すい》の5種類の元素からなる〉という説を主体としています。

この5種類の元素は互いに影響を与え合い、それによって万物の全てを形作るという考えが根底にあります。

この陰陽と五行を合わせたものを「**陰陽五行説**」といい、耳つぼ、ひいては東洋医学の根幹をなしています。

感覚器官「五官」とは

陰陽五行説に基づいた、人間の「からだ」と「こころ」の結びつきを表したものが**「五《ご》官《かん》」**です。木・火・土・金・水それぞれに体の部位や臓器が配され、性格や体質が紐付けられています。

耳鑑定は、この五官の考え方を大いに参考にしています。

ですので、少し難しいですが五官の一例をご紹介します。

覚える必要はありませんが、心と体はつながっていること、それらは大きく5つのタイプに分けることができること、それぞれに個性や特徴があることだけ、理解してください。

【木】

「眼」が関連し肝臓を支配します。

目が疲れたり、たるみ、クマが出たりするのは肝臓が疲れている証拠です。

〈木の性質はこんな人〉

リーダーシップのある人（役割を任せられる）

人が集まる、真面目に任務を遂行する、固定観念が強い　など

【火】

「舌」が関連し心臓と小腸を支配します。
舌が紫に変色している時は心臓の働きの低下が懸念されます。

〈火の性質はこんな人〉

広報力のある人（注目を集める）
人から見られる、人の目が気になる、気分の浮き沈みがある　など

【土】

「口」が関連し、脾臓、胃を支配します。唇も同様です。
胃が荒れると口の周りが荒れたり、口内炎になったりしやすいです。

〈土の性質はこんな人〉

育成力のある人（根気よく達成に近づく）
目立つことを嫌う、功績は認めてもらいたい、陰から支配したい　など

【金】

「鼻」に関連し、肺、大腸を支配します。

呼吸器の末端であり、肺呼吸では肺、腹式呼吸では大腸と結びつきます。

〈金の性質はこんな人〉

発想力のある人（アイディアで目標達成に近づく）

マイペース、新規開拓、唯我独尊、華やかなものが好き　など

【水】

「耳」が関連し、腎臓、膀胱を支配します。

耳鳴りなどは腎臓からの注意信号といわれ、生殖機能に影響することもあります。

〈水の性質はこんな人〉

適応力のある人（人の意見をよく聞き自分に取り入れる）

嫌われることが恐怖、一般的に人気があるものを好む、枠を外れない　など

耳鑑定は、西洋医学の「反応点」、東洋医学の「五行陰陽説」、それぞれの良いところを融合させたものなのです。

耳鑑定における5タイプ

陰陽五行説の五官を参考に、耳鑑定では反応点の位置から〈基本となる5つのタイプ〉に分けました。

ほとんどの人がこの5つのどれかに当てはまります。

●グリーン…正義感が強く自己犠牲の精神がある「リーダー型」
●レッド…明るい言動で耳目を集める「アイドル型」
●アース…コツコツと一つの物を突き詰める「研究家型」
○アイアン…マイペースで好奇心旺盛な「カリスマ型」
●リンク…慎重派だが空想力豊かな「芸術家型」

いずれも体質や好きな異性、相性のいい異性もわかります。

次の章から、それぞれの性質について詳しくみていきましょう。ぜひ鏡やスマホ（カメラ機能を使用）を手に読み進めてください。

第1章「グリーン」タイプ〈リーダー型〉

Green《グリーン》

「グリーン」はご想像の通り「草花」からイメージしました。

草花ってアスファルトの上にお花を咲かせたりするでしょう。あれは、植物が根を張るところを選べないからです。

それと同じで「グリーン」タイプの人は、「どんな場所でも頑張ろう」「与えられた環境で最大限力を発揮しよう」という我慢強さがある人です。

また、大きな木は目印になりますよね。雨の日は木の下で雨宿りもできます。そんな風に、「グリーン」タイプの人は大勢の人の目標になったり、みんなの代わりに困難を受け止めたりといった「リーダー」の資質を持っています。

「グリーン」タイプの耳の見方

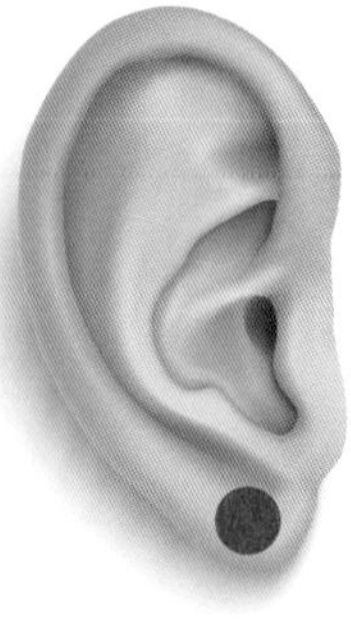

「耳たぶ」に赤みがある人は、グリーンタイプの可能性が高いです。
耳たぶの真ん中をつまんで痛みがある方もそうなります。

「グリーン」タイプの診断

性格

「グリーン」タイプの人は正義感が強く、まるで大きな木の下に人が集まって来るように、人が近寄って来やすいタイプです。

自己犠牲の精神の持ち主で責任感もあるため、何かと取りまとめの役を頼まれます。

ネガティブポイント

一方で、自分の考えや行動は曲げない、こだわりが強いという面があり、それを他人にも求めてしまいがちです。

キーワード

我慢強い、自己犠牲、責任感が強い、完成度を求め過ぎる、几帳面

代表的な有名人

小栗旬、佐藤健、前田敦子、安倍晋三

体調面

眠りが浅く、目のトラブルや肝臓のトラブルに悩まされがちです。

具体的には、不眠、眼精疲労、視弱、お酒が弱い、低血圧、低体温、貧血、生理痛などです。

好かれるタイプ

穏やかで自己主張をあまりしないタイプ、例えばこの後に出てくるリンクタイプの人に好まれます。

あなたが男性だったら〈男性の半歩下がってついていくタイプの女性〉から、女性だったら〈姉さん女房のようにかいがいしくお世話されたい男子〉から好かれます。

好きになりやすいタイプ

自分自身はしっかり者で誰からも好かれるタイプなので、それとは真逆のマイペースで自由なタイプ、例えばこの後に出てくるレッドタイプの人を好きになる傾向があります。ちょっと放っておけないタイプ、焼きもちを焼くぐらいの人に心を惹かれてしまいます。はめを外して叱られたい、振り回されたいというMっぽい気質を密かに持っています。

「グリーン」タイプの口説き方

「みんなで一緒に」「あなたのおかげで」「すごく助かる」「任せられる」「頼れる」などの言葉を使うといいでしょう。

グリーンタイプの貢献度に注目し、その部分を多くの人が知れるようなティーアップ（持ち上げ）をすると相手からの好感度を上げることができます。

Red《レッド》

「レッド」タイプは「太陽」をイメージしています。

太陽はみんなが見ることができるので、「注目を集める」人の象徴です。

注目を集める人というのは目立つ存在である一方、自分が見られていることを意識した行動をしてしまいがちです。

例えば「本当はこれを言いたいけど、みんなはこう思うかもしれないからやめておこう」とか。

そういうジレンマを抱えながらも、やはり目立つ存在というか、みんなの目印になる、そういう人が「レッド」タイプなのです。

「レッド」タイプの耳の見方

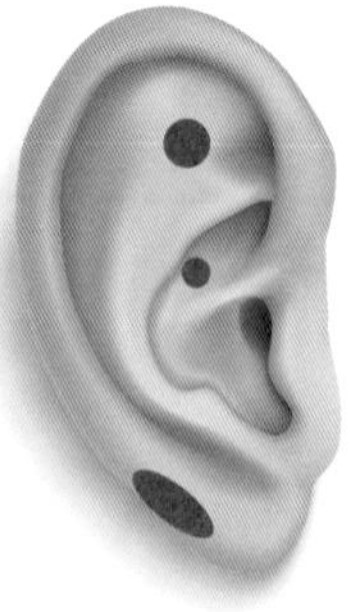

耳たぶの外側に赤みが出る方が「レッド」タイプには多いです。ここをつまんで痛みがある方もその可能性が高いです。さらには三角窩《さんかくか》（＝耳の上のフチの内側）や耳甲介艇《じこうかいてい》（＝耳穴の上のくぼみ）の部分にも反応点が現れるのが特徴です。

「レッド」タイプの診断

性格

大勢の人の注目を集める広告塔タイプです。なので広報のお仕事などに向いています。同時に、みんなに好かれたい八方美人的な面もあります。おっとりとした天然の性格が、誰からも好かれます。

ネガティブポイント

感情の起伏が激しく、気分の浮き沈みが頻繁に発生し、とらえどころのないところがあります。また人目を気にして自分のやりたいことを抑えがちです。それが抑え切れなくなると感情が爆発することがたまにあります。

キーワード

褒められたい、アイドル、注目されたい、ハッピーな言葉が好き、家族思い、感情を溜め込む（爆発する）

代表的な有名人

木村拓哉、吉沢亮、綾瀬はるか、小泉進次郎

体調面

精神的な不安定さが腸に出やすいタイプです。あとは三半規管も少し弱いです。そのため、下痢、めまい、立ちくらみ、耳鳴り、乗り物酔い等に悩まされがちです。

好かれるタイプ

リーダーを任せられるようなしっかりした人に好かれます。具体的にはグリーンタイプですね。ですが「レッド」タイプの人は色々な人の良い面を見出す能力があるため、そのぶん色々な人に目移りしてしまいがちです。

一人から愛されるより多くの人から一番に思ってほしい束縛屋な部分があります。いつもみんなの中心でいたいと思ってしまいます。

困らせても好きでいてもらえるか、試すような態度も取ってしまいがちです。

好きになりやすいタイプ

こだわりを持つ人、例えばこの後に出てくるアースタイプの人に好意を持ちやすいです。自分だけの世界を持ち、頑固と言われても曲げないアースタイプは、誰からも好かれようと自分の意見を抑えがちな「レッド」タイプとは真反対な性格ので、レッドの足りない部分を補ってくれるでしょう。自分に目をむかせたいと思ってしまうタイプほど執着してしまいます。

「レッド」タイプの口説き方

とにかく褒めるのがコツです。「いつも見てるよ」「ホントにかわいい（かっこいい）」「みんなと違うなあ」といった言葉のほか、「好きだ！」というストレートな告白にも弱いタイプです。大変素直なのがレッドタイプの持ち味。ひたすらほめる。思ったことは言葉や態度にして伝えることが相手の安心に繋がります。

Earth《アース》

第3章　「アース」タイプ〈研究家型〉

「アース」タイプの人は文字通り「大地」のような人です。

地面は全ての生き物が暮らし、作物や家畜を育て、建物を立てるなど、命と生活の土台です。

なので基礎を整える仕事や役割が得意で、人の育成などにも向いています。

まさに「大地」のような、どっしりとして頼れる性格の人が、アースタイプなのです。

「アース」タイプの耳の見方

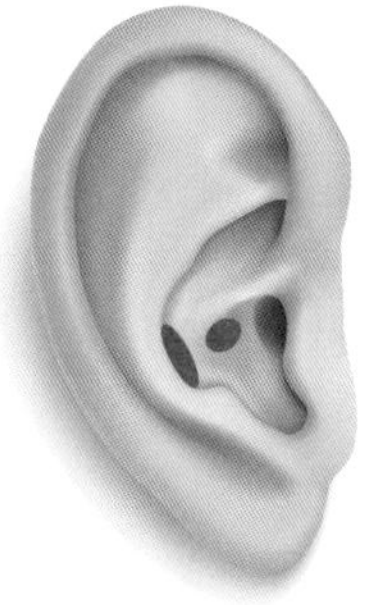

耳の内側のふちの部分に赤みがある方、あるいは指でグッと押さえるとちょっと痛いという方は、「アース」タイプの確率が高くなります。

「アース」タイプの診断

性格

一言で言うと「参謀型」です。何事にもコツコツと取り組み、根拠やデータ、数字、成績といったものを判断の拠り所にします。

あまり表に出るタイプではなく、縁の下の力持ちとして人や組織を支える、または人を育成するという役割が向いています。

自分のオリジナルのマニュアル作りなど、自分のやりやすいようにカスタマイズするといった特徴があります。そしてそれをほかの人にも浸透させるためにマニュアルを新しく作成したり、制度を新しく作ったりします。

ネガティブポイント

コツコツやる反面、一つの事に執着しがちなところがあります。頑なに表に出たがらないところがあるので、大勢の前で発表するなどの役割を与えられると、ちょっとパニックになってしまうことがあるかもしれません。

代表的な有名人

マツコ・デラックス、星野源、有村架純、菅義偉

キーワード

育成家、土台づくり、しっかり、地道、継続型、技術家、研究家肌

体調面

胃が弱い方が多いです。または口のトラブルにも悩まされがちです。症状としては、胃のもたれ、むかつき、口内炎、ヘルペス、緊張性の下痢などです。

好かれるタイプ

「アース」タイプは人気者で友達の多いタイプ、例えばレッドタイプに好かれます。その人は常にかまってほしいタイプなので、自分の世界を大事にしたいアースタイプとしては少し付き合いづらいかもしれませんが、どんなタイプでも掘り下げができるアースさんなら、その人の習性をつかめば大丈夫です。

好きになりやすいタイプ

全く理解できないタイプ、例えばこの後に紹介するアイアンタイプと相性バッチリです。なぜなら理解できないからこそ「理解したい」という探究心に火が付くからです。こういうタイプの異性にドハマりした経験がある人も多いのでは？

しかし自分の気持ちを自分で把握しずらいことと、自分からのアプローチが苦手な人が多いアースタイプは、結局自分の気持ちを口に出せず終わる恋愛が多い傾向があります。

あなたの心の壁を乗り越えて相手からアプローチしてくる恋愛も稀ですから、自分からアプローチすることを心がけてください。

「アース」タイプの口説き方

アースタイプの人を口説くには、まず「聞き上手」になることが第一関門です。いわゆる傾聴力が必要。専門的な話をし始めても、まずはウンウンと頷きながら話を聞きましょう。

逆に何も話すネタがない、引き出しが少ないという人も飽きられやすいと思います。なので自分の事を聞かれたら、ちょっとマニアックな話題を振るとアースタイプは喜びます。

口数が少なく、気持ちがわかりづらくてもめげてはいけません。案外強引で押しに弱い面があるため、うっとうしいと思われても続けていると、根気負けするタイプでもあります。

Iron《アイアン》

「アイアン」とは「鉄」という意味です。

斧や鋤など大地を切り拓く道具の素材に使われるので、事業家や革新家に多いタイプです。

この人は、自分がそうと決めたら他人の意見には耳を貸さず、突き進むイメージが強いです。

まさに猪突猛進タイプ、あるいは孤高の「カリスマ」タイプと言い表せます。

アイディアを武器にして新ジャンルを開拓する、５タイプの中では唯一〈創出とマーケット開拓〉の能力を併せ持つ人材です。

ただ、プロジェクトが完成すると途端に意欲が下がります。作り上げる行程を楽しむタイプといえるでしょう。

「アイアン」タイプの耳の見方

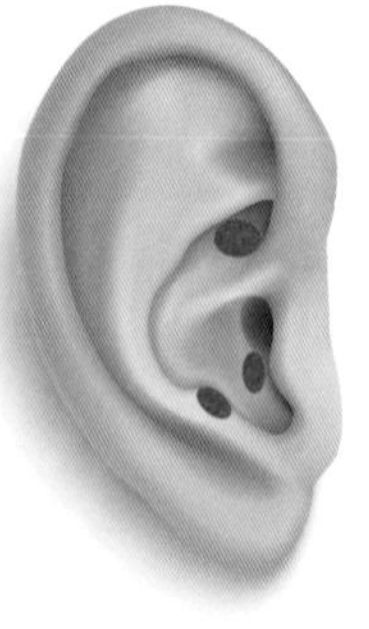

少し分かりにくいのですが、耳穴の入り口の対珠《ついじゅ》（＝ぷっくりとした膨らみ）に赤みがあったり、指でつまんで痛みがある方は「アイアン」タイプの可能性が高いです。耳の穴の隣が赤いのも特徴です。

「アイアン」タイプの診断

性格

前述した通り、いわゆる「猪突猛進」な性格が「アイアン」タイプの特徴です。とにかくマイペース。好奇心旺盛で、新しもの好き。派手に着飾るのも大好きです。コミュニケーションが得意で、人情味に溢れ、個性的。見ていて飽きない人です。

ネガティブポイント

自己顕示欲が強いので、権威を求めがちなところがあります。また、人の意見より自分の我を通すことを優先しがちなので、たびたび衝突します。ですがメンタルが強いのであまりめげません。

キーワード

マイペース、パーソナルスペース、単独行動、営業向き、新規開拓、冒険、協調性がない

代表的な有名人

堀江貴文、指原莉乃、田中みな実、青山繁晴

体調面

「アイアン」タイプは呼吸器系のトラブルに注意してください。例えば、鼻炎、咽頭炎、気管支炎、肺炎、喘息などです。

呼吸器系が弱い方は乾燥しやすいという特徴を持ちます。乾燥肌、ドライアイなどです。アトピー性皮膚炎など肌のトラブルにも悩まされがちです。

好かれるタイプ

こっそり思いを寄せて表に出さないタイプの人に好かれます。例えばアースタイプの人ですね。しかし「アイアン」タイプの人は他人の気持ちをあまり考えないので、それに気づかず終わることも多いでしょう。

好きになりやすいタイプ

殿様タイプの「アイアン」は、ひたすら尽くしてくれるタイプと相性がいいです。「アイアン」は自由を求めるタイプなので、それを束縛しない間柄が理想です。別居婚、週末婚、夫婦別姓などの新しい形の結婚も選択肢にあります。

ただし義理人情には篤いため、裏切ることはありません。どんと構えて帰りを待つくらいがいいかもしれませんね。

「アイアン」タイプの口説き方

自由を求め、一生独身でも楽しめるのが「アイアン」タイプなので、口説くというより、とにかく自由にさせましょう。それが快適だと思えば、きっとあなたに振り向いてくれます。

自分を高めてくれる相手を大事に思うため、自分と付き合う「メリット」を堂々と提案してみましょう。メリットの内容より、その心意気にグッとくるはずです。

第5章「リンク」タイプ〈芸術家型〉

Link《リンク》

このタイプの人は、人との「繋がり」をとても大事にします。孤独になることは、死に直結すると思うぐらい嫌います。

嫌われたくないから、嫌われるような行動を極力取らないし、嫌われるぐらいなら自分を押し殺して人に同調する人です。

だから人の意見はしっかり聞きます。

その一方で、イマジネーションが強い、一言で言うとファンタジーな人。

人の意見をしっかり聞いて、かつその情報を自分の中で消化し、秀でたイマジネーションで形にしてアウトプットするのが得意です。

なので、ミュージシャンやアーティストがこの「リンク」タイプには多いですね。サプライズやドラマティックな環境に心を奪われやすい、〈感動したがり〉なタイプです。

「リンク」タイプの耳の見方

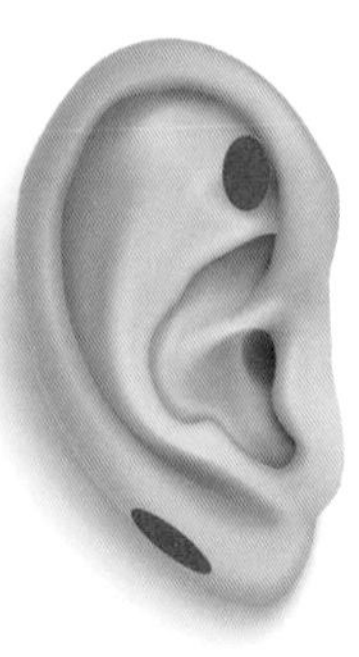

「リンク」タイプの耳の特徴としては、耳たぶの外側のフチの部分に赤みや痛みがある方、そして耳の上のくぼみ（三角窩）の奥の方に赤みがある方も「リンク」タイプとなります。

「リンク」タイプの診断

性格

他人の意見を柔軟に取り入れて、自分の意見と融合させるのが得意です。だから誰からも好かれ、悩みを相談されることも多いのですが、自分からはあまり意見を言いません。妄想家で、芸術家肌です。

ネガティブポイント

とにかく「慎重派」です。石橋を叩き過ぎて壊してしまい、結局渡らないというタイプ。人の意見に自分の意志が揺れやすく、定まりません。

不安や恐怖に敏感です。仲間はずれになりたくないから、みんなと違うことはしません。

キーワード

嫌われたくない、怖い、不安、感情が分かりにくい、尽くしたい

代表的な有名人

大野智、向井理、福原愛、細川護熙

体調面

腎臓や膀胱、生殖器のトラブルにみまわれがちです。具体的な症状としては、腎炎、膀胱炎、生殖器系疾患などです。むくみなども含まれます。

あと三半規管が弱いので、めまいや立ちくらみ、耳鳴り、乗り物酔い、突発性難聴などに注意してください。

さらには免疫異常系疾患にかかるリスクも比較的高いといえます。

好かれるタイプ

破天荒なタイプの人に好かれますし、好きになりやすいです。強引なタイプの人にも弱いですね。そういう人に尽くしてしまいがちなので、不毛な恋愛には注意が必要です。女性の場合、ダメんずを養成するのが大の得意。甘やかすことは愛情ではないということを肝に銘じておくことが大事です。

好きになりやすいタイプ

安定感があり、堅実なタイプがオススメです。安定した職業、責任ある地位、性格も誠実だと、非常に安心して恋愛ができます。

ただし本来、安定を求めつつも非現実な事柄に心惹かれるリンクタイプ。もしかしたらその堅実な相手に物足りなくなる日が来るかもしれません。

リンクタイプの人の口説き方

「リンク」タイプの人を口説くには、感性に訴えるといいでしょう。妄想家でもあるので、例えば「壁ドン」や「あごクイ」などベタな状況にキュンと来る人が男女問わず多いです。ただし優柔不断で、最後の最後に意見を翻されることがあるので要注意です。

リンクタイプに有効なのは約束です。週○回は必ず連絡する。年1回は必ず旅行に行くなど目標を設定し、それが達成できさえすれば、他は案外自由なお付き合いができるかもしれません。

Column

どれが「反応点」か分かる？ タイプ当てクイズ！

初めての人には、どれが「反応点」か見分けがつきにくいかもしれません。

次の写真はグリーン、レッド、アース、アイアン、リンクの5つのタイプの人の耳を写したものですが、誰がどのタイプか分かりますか？

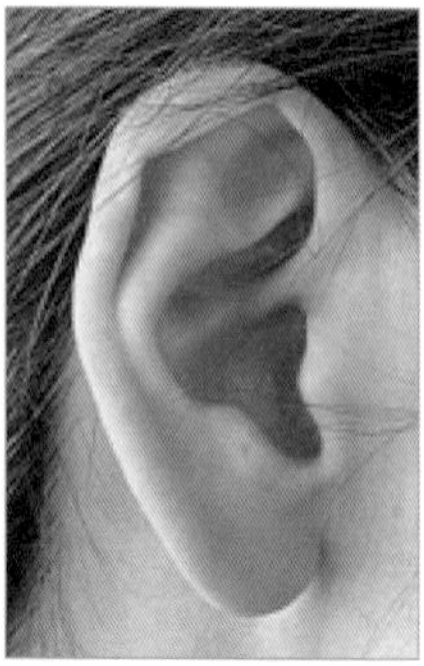
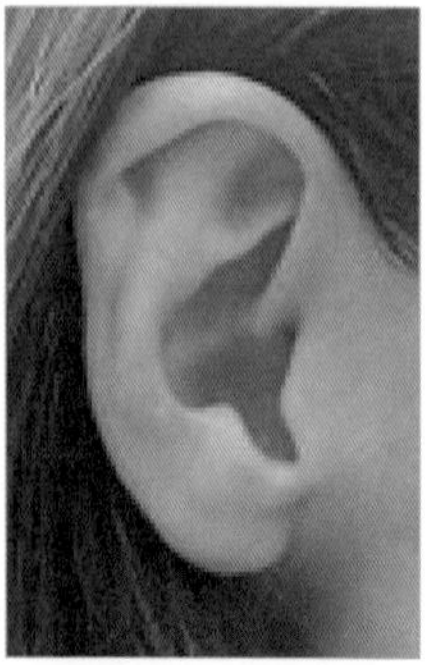
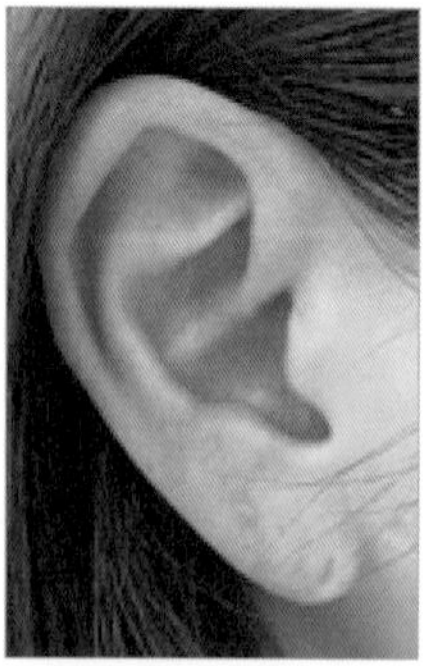
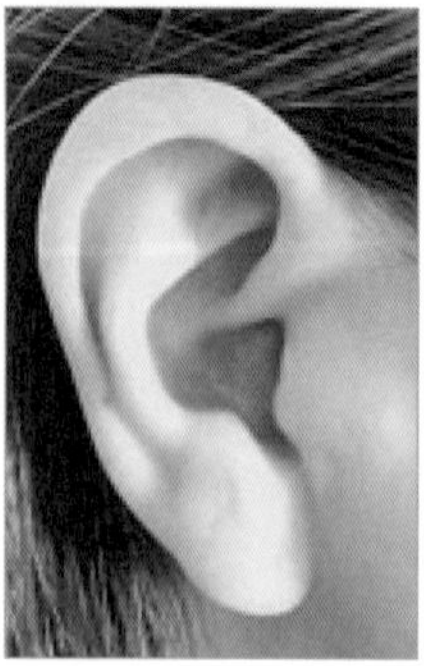
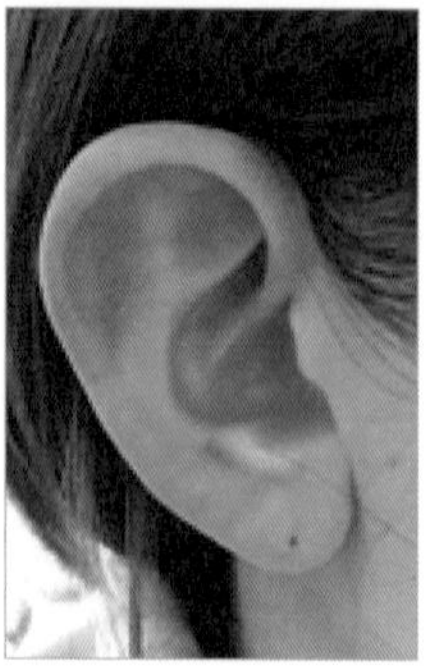

正解は――

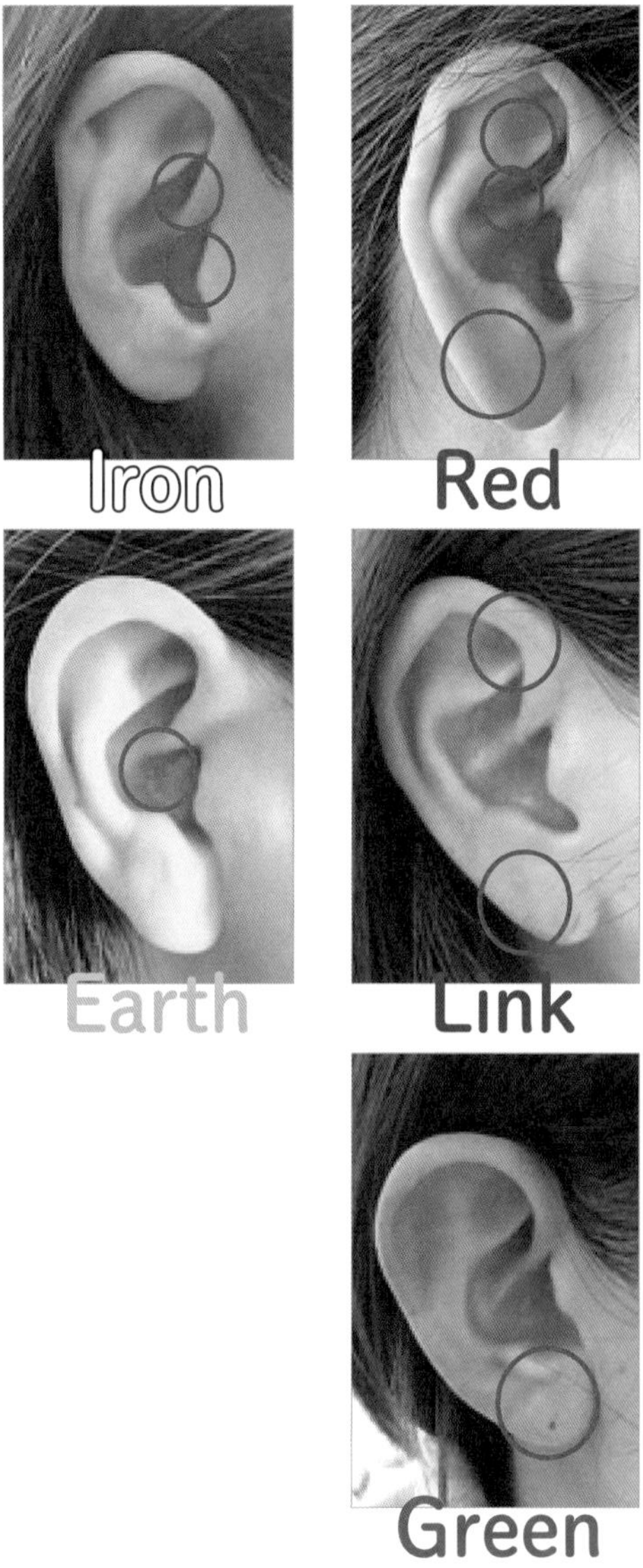

どうですか？　なかなか難しいですよね。

でも勉強すれば、誰でも分かるようになります。私にしてみたら、「世の中の人はみんな個人情報をさらして歩いている」ようなもの。会話をしていても、相手の耳をチラッと見れば、その人の体調から性格まですべてお見通しです。

そんな風になれるよう、頑張ってくださいね！

第6章　タイプ別・行動アドバイス&アプローチ法

ここからは、耳鑑定のタイプ別に**〈どのように行動したらより幸せな人生を送れるのか〉**をアドバイスしていきたいと思います。

耳は反応点というサインが現れた位置によって、内臓の状態やその人の基本の思考パターンが読み取れます。なぜその反応点を重視するかというと、心理というのは体の状態と大変密接な関係にあるからです。

あなた自身、「頭が重い」「体がだるい」「胸やけがする」「ふらふらする」「蕁麻疹がでている」など体調不良の時、心理状態はどうでしょうか？

ちょっと悩みがあったり、思いがけない状況に壁を感じ、心が落ち込んでいたりしませんか？

心の状態は体調に影響するのです。逆に言えば、体の状態を回復させれば、心理の安定につながる場合もあるのです。

耳鑑定のタイプは5つありますが、やはり思考パターンも似てきます。

もちろん全ての人がそうではありませんし、その時に置かれている環境や体調によっても変わってきます。ですが基本的な方向性は一定です。

その思考パターンはその人の個性であり、基本的にはそれを生かしながら人生を歩むべきですが、時にはマイナスに作用することもあります。

ですので『行動アドバイス』は、「自分はこういうタイプでこういう考え方をしがちだから、これを伸ばそう、あるいは気をつけよう」と**〈軌道修正〉**するのにお役立てください。

『アプローチ法』は、このタイプがお客さんだったら、部下だったら、恋人やパートナー、片思いの相手だったらどう接すれば良いのかについてお伝えします。

最近「どうもパートナーと上手くいっていない」「片思いの相手が振り向いてくれない」ということはありませんか？　そうだとしたら、その人のタイプとは違うアプローチをしているのかもしれません。耳鑑定のタイプによって**〈接し方〉**は違うのです。

手相と違って相手に直接触れずに診断できるのが耳鑑定の強みです。

会話をしている時、あるいは2人で撮った写真などでも診断できます。

よ〜く相手の耳を見て、どのタイプか判断してからお読みください。

Green《グリーン》

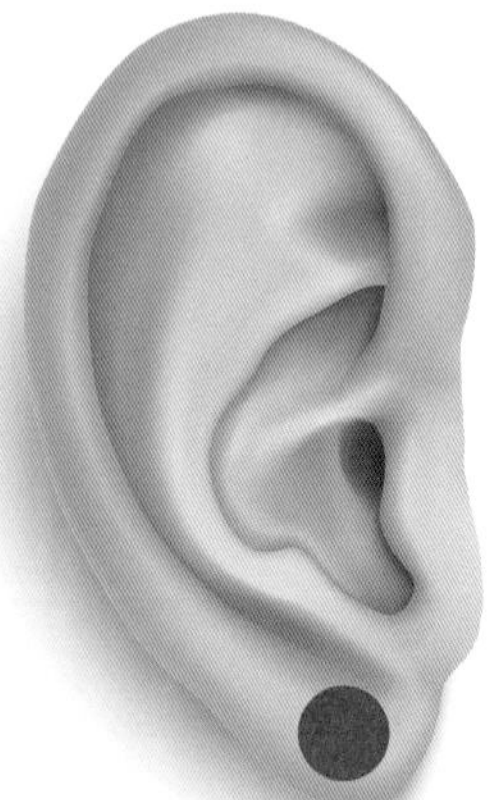

耳たぶの下方に注目してみてください。

その部分が耳のほかの部分に比べて赤みを感じる場合は、グリーンタイプと言えます。

「グリーン」タイプの行動パターン

グリーンタイプの人は、「自分が基準」と考えがちです。

自分の考えている事が世間一般の平均・標準であり、他の人もそうだろうと思ってしまうのです。

そして「自分ができるのだから皆もできるだろう」と思いがちなので、他人に対しての評価も厳しくなりがちです。自分ができるのになぜこの人はできないのかと考え、その姿を見ると「イライラ」してしまう傾向にあります。

このタイプの人は「こうあるべき」といった固定観念に縛られている人が多いですね。しかも、それを他人に強いるタイプです。

男性ならクラス委員長、女性なら副委員長のイメージでしょうか。

「先生がこう言っているんだから」と権威主義的な側面もあります。自分より地位が高いと感じると素直に助言を聞くような面もあります。

その一方で、世間の常識や自分の固定観念から外れることができない、冒険できないもどかしさも同時に感じています。長男長女に多いタイプですね。

常に兄弟姉妹の見本になるよう求められ、育ってきたからです。

「グリーン」タイプがとるべき行動

グリーンタイプは、まず「自分の考えだけが正しいわけではない」と強く認識すべきです。

具体的な行動としては〈自分と全く違うタイプの人の意見や習慣を取り入れてみる〉こと。そうすると少しずつ考え方が柔軟になってきます。その考えはひいてはあなたの心を開放することに繋がります。

こうしなくてもいいんだ、こうしても受け入れられるんだ、という実体験を積み重ねることで、ちょっと窮屈に感じていたグリーンタイプの心の世界に、無限大の可能性を引き込むことができます。

具体的な行動の例をあげると、〈行きと帰りの道順を変えてみる〉などはいかがでしょうか。あるいは〈いつも食べるメニューを変えてみる〉という手もあります。いつもはミートソースだけど今日はカルボナーラにしてみるなど〈日常のささいな行動パターンを変えてみる〉だけでも、いつもとは違う自分を感じられるはずですよ。

「グリーン」タイプへのアプローチ法

グリーンタイプは極度に自分が「得」をすることを否定します。ですので「あなたがこうなることでみんなが喜ぶ」という文脈でアプローチすると効果的です。

「あなたがお休みを取ることで後輩も休みがとりやすくなるからそうしましょう！」などの言い方で、「あなたの行動」が「誰かの幸せ」に繋がっていると思えれば、きっとグリーンタイプの心は動きます。

恋愛であれば、事前にご両親や祖父母に会わせて「お父さんやお母さんがあなたとの結婚を楽しみにしている」「おばあちゃんに花嫁姿を見せてあげるのが私の夢」など、自分たちの結婚＝誰かの喜び、というアピールをすると効果的です。

「グリーン」タイプにセールスしたい場合

グリーンタイプは自分の欲望には無頓着です。ですので〈その人が大切にしている人や物〉を引き合いに出してオススメしてみてください。

例えば車のセールスだったら、「ご家族のために7人乗りのワゴンタイプはいかがですか？」という感じです。

さらに、その人の上司や尊敬を寄せる友人などに同席してもらうことで「あいつがそういうなら」「上司が認めているなら」という理由で決まる場合が多くあります。自分の判断より〈ほかの人からのアドバイス〉を重視するところがあるからです。

「グリーン」タイプが部下だったら

組織のためには自分を犠牲にしてでも尽くすのがグリーンタイプです。ただし、先頭にたって動いていながら、なぜか影が薄くなりがちなのもグリーンタイプの特徴。なので「ちゃんと見ているよ」と伝えることが肝心です。

具体的には〈皆の前で褒める〉こと。「いつも彼はみんなのためにしてくれている」「彼女のおかげでこれを達成できた」というように、直接ではなく周りにグリーンタイプの功績を伝えることが、回り回ってグリーンタイプからの信頼に繋がります。

ただし、たまには「あなたの気持ちはどうなの？」と直接聞いてあげることも重要です。意見の取りまとめを任されがちなグリーンタイプは「みんながいいなら」と考え、自分の気持ちを優先しない傾向があるからです。

こうと決めたらゆずらない頑固なグリーンタイプとは真逆な気もしますが、1対1の場合と、1対大勢では対応が変わってくるのがグリーンタイプ。自分の意見を通したいのではなく、常に相手の幸せを考えて行動したいのです。

だから1対1の際は〈相手が間違わないよう〉何から何までお世話してしまうのです。逆に注意する時は「こうすればみんなが助かるよ」と言うと良いでしょう。プライドが高く、自我も強いので、否定されると意固地になりやすいからです。

だから否定はせずに「君ならできる」とティーアップする（持ち上げる）ことが、グリーンの操縦術の基本です。

グリーンタイプと恋愛するなら

グリーンタイプは甘えられると喜びます。頼られたいと思っているからです。ですので、お願いごとをする時は「あなただから頼める」「～してくれるとすごく助かるんだけどな」などという言い方を心がけましょう。

デートも、自分が行きたい場所というより、相手が行きたい場所に行って、相手の喜ぶ顔を見たいタイプです。

ただし、頭が固いので、面白いデートプランを提案できないのが玉にキズ。なので、アナタから積極的に行きたい場所を提案し、最後に「一緒に楽しめて良かった」と一言添えるのがポイントです。

Red《レッド》

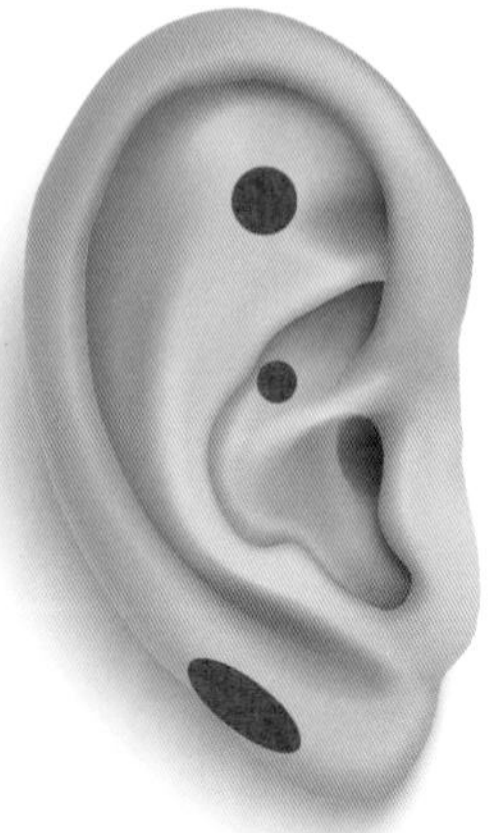

　レッドタイプは耳たぶの外側に赤みがあるかを確認します。また耳の真ん中を横に走る軟骨の上の部分に赤みがないかを確認します。また耳の上部にあるくぼみが赤くなっていたりもします。

「レッド」タイプの行動パターン

レッドタイプは基本的に「飽きっぽい」人です。なぜなら、何をさせても平均以上にこなしてしまう、カンの良い器用な人だからです。なので他人の努力が理解できません。「何でそんなこともできないの？」と心では思っています。

あと、深く考えずにできてしまうので、調べてまでしようと思いません。聞いて理解し、やったらできた。じゃあ次。という、さらっとしてのめりこまないタイプです。

だから物事を一つに絞れない。決め手がないので〈自分が何を好きか〉も実はわかっていない部分があります。

レッドタイプは太陽のように目立つので、何をやるにも周りを巻き込んでしまいます。自分も周りの目を引くと分かっているので、周りの望む姿に自分を寄せてしまいがちです。

常に周りに人がいるので、いないとさみしがります。ちやほやされたい願望があり、嫉妬もします。誰かの目が自分以外に行くのを阻止しようとします。

「私と仕事どっちが大事なの？」と堂々と聞けてしまうのは天真爛漫なレッドタイプの特徴です。普通なら「めんどくさい人」と思われますが、レッドタイプはそういう部分もプラスにしてしまう力を持っています。俗にいう「天然キャラ」ですね。

周りは「あいつだったら仕方ないな」と許してしまうのです。

一方で、レッドタイプは自分のキャラクター、カラー、強みが分かりません。だから一つの技術を極められません。昔で言う「器用貧乏」で、プロフェッショナルにはなれないことは、実は本人も内心悩んでいます。

だから逆にこだわりがある人を羨ましく思っています。自分の得意なもの、特技が無いのがコンプレックスです。

「レッド」タイプがとるべき行動

人を巻き込むのが得意なレッドタイプは、その長所を徹底的に伸ばすといいでしょう。つまり、キャラクターやカラーは「外部調達すればいい」と割り切り、そういう人達をつなぐハブに徹することで、道は拓けます。

だからといって責任は取りたくないタイプなので、社長などではなく、その周りで発信する〈企画広報〉や〈イベントプロデュース〉などの仕事が向いています。周りにうまく甘えて何かをまとめたり、人を動かしたりすることが、レッドタイプの力を一番発揮できるポジションです。

「レッド」タイプへのアプローチ法

レッドタイプは一言でいうと八方美人です。そして尽くされたいタイプ。去る者も追いたくなる、いわゆる〈かまってちゃん〉な性格です。

誰かに頻繁にメールしたとしても、それは好意半分・業務半分です。つまり、自分から人の心が離れていくのが怖いのです。だから非常にマメです。それで周りの人が「自分に好意を持っている」と勘違いします。でも本人はそうでもないのです。

そんなレッドタイプを操縦する一番の方法は〈アメとムチ〉作戦です。こちらから連絡をし続けたり、話しかけたりし続けた後に、ぷっつりと連絡を絶つのです。小手先のテクニックとも言えますが、意外とレッドタイプは素直なので、そういう誘導にはすぐハマってしまいます。

「レッド」タイプにセールスしたい場合

レッドタイプに物やサービスを売るのは簡単です。

「これ流行ってますよ」

「やったことないんですか？」


この一言でイチコロです。

人気者であることを意識しており、自分が中心でないと気が済まないからです。

でも、もっと効果的な活用方法があります。それは「インフルエンサー」になってもらうことです。

周りに影響力のあるレッドタイプは広報係としてうってつけ。レッドタイプ一人に買ってもらう以上のメリットがあるでしょう。

「レッド」タイプが部下だったら

レッドタイプは素直なので、単純なお世辞が有効です。

例えば
「あなたセンスいいから、意見ちょうだい！」
「仕事が早いから、明日までに企画書作っておいて！」
など。そこに意味は要りませんので、部下としては扱いやすいタイプです。

「レッド」タイプと恋愛するなら

「カワイイ」「おしゃれ」「カッコいい」など、見た目を褒めてあげれば気分を良くします。ただし自分がモテることを知っているので、追いかけると逃げます。そして浮気もします。浮気グセについては諦めたほうがいいですね。

追いかけると逃げるくせに寂しがり屋なので、メールはこまめに送ったほうがいいでしょう。

もちろん、束縛するようなものではなく、自分がいまどこで何をしているかというような近況報告的なメールがベターです。

そして最後にこう付け加えます。

「会いたいなあ」

これでレッドタイプの心はロックオン状態です。

Earth《アース》

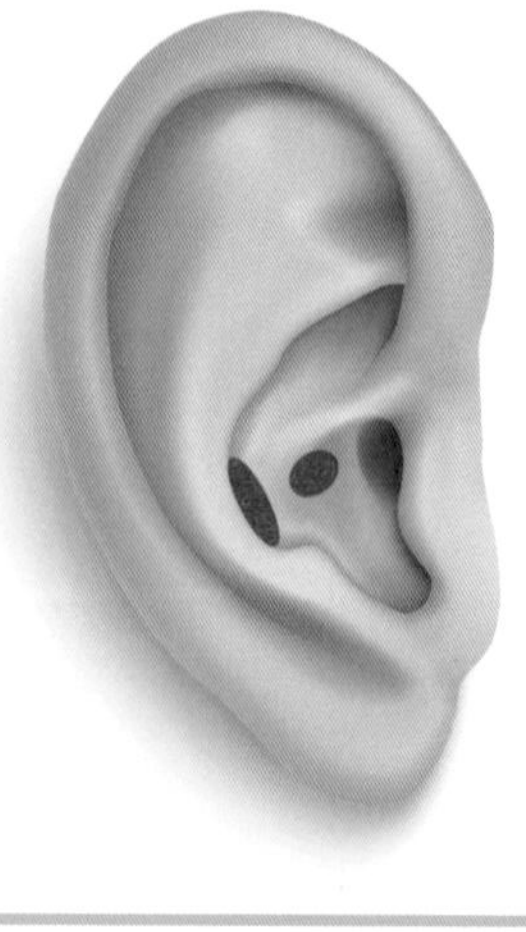

耳の真ん中を横に走る軟骨のすぐ下に赤みや黒みがある、また耳の内側の縁（耳の真ん中を横に走る軟骨の延長線部分）に赤みがあるタイプです。

「アース」タイプの行動パターン

アースタイプは一言で言うと「オタク」です。
いわゆる「完パケ」タイプ。中途半端が嫌いです。
とにかく何かを追求したいので、相手に対して〈底が浅い〉と思ったら興味を失います。
そして一言多い。痛い所を突きすぎるという欠点があります。

そして言葉をオブラートに包まない。話し相手に対して単に疑問を投げかけているだけなのに、言葉が強いから相手は責められていると感じてしまいます。

さらに相手に対して「壁」をつくりがち。
つまり誤解されやすいタイプです。

なので、とても交友関係が狭いです。それだけに一度壁を崩した人に対してのガードは極端に下がります。

物事を100％疑う性格のアースタイプを納得させるデータや根拠をどれだけ提示できるか？　これが最大の攻略ポイントと言えます。

「アース」タイプがとるべき行動

アースタイプは「そうかな？」と否定から入りがち。先に自分の疑問を解こうとするから相手は否定されたと思うのです。「そういうこともあるよね」「そういう考えもあるんだ」とまず相手を肯定するクセを付けましょう。

話しかけられたら、とりあえず「なるほどね～」と言ってみるのも効果的です。それからゆっくり考えて話せばいいのです。つっけんどんに早口で話しがちなのもアースタイプの特徴なので注意しましょう。

仕事は研究職に向いています。または組織の根幹を支える仕事、部署でいえば総務部などです。プログラマーなどもオススメです。

「アース」タイプへのアプローチ法

アースタイプは壁を作り、近寄りがたい雰囲気に包まれています。しかし、一度その壁を突破すると途端に心を許してしまいます。そうなると、懐かれること自体はまんざらでもないので、ちょっとしつこくしても大丈夫。

だからアースタイプを懐柔するには、とにかく時間をかけてください。焦って打算が伝わってしまうと、せっかく開きかけた心の扉がスーッと閉じてしまいます。まるで天の岩戸に隠れた天照大御神のようですね。

「アース」タイプにセールスしたい場合

アースタイプは専門分野を必ず持っているので、その専門分野について聞くのがセオリーです。例えば、「～について詳しいと聞いたのですが……ではこういう時はこういう物が必要ですよね？」など、現状を踏まえての提案をします。

逆に、何の根拠もなく提案しても「なぜそれを？」と怪訝に思われてしまいます。もちろん知識で勝負しようと思っても無駄。かといって、何も知らないと「そんなことも勉強してないの？」と見下されるので、ある程度は相手のことを調べておく必要はあります。

一方、案外マメなアプローチに弱いので、全く仕事とは関係ない方面から長期的に攻めるのも良いでしょう。ＢtoＢの場合だと、アースタイプは経営陣に対して絶大な信頼を持つため、落とせたらその会社は攻略できたも同然です。

「アース」タイプが部下だったら

グリーンタイプには「マニュアル」を作らせるのがオススメです。後々使えるもの、自分が考えた物を皆が使うことに喜びを覚えるタイプだからです。

「まかせる」という言葉にも弱いですね。「それをやってくれると会社は助かるんだよなあ」というのも殺し文句です。「きみだから頼める内容なんだ」「きみ以外にできるスキルを持った人がいない」など、アースタイプの能力を買っているという言葉を出すと大変効果的です。

「アース」タイプと恋愛するなら

相手の具体的な部分を褒めましょう。例えば、

「アナタは物知りだから好き」

「君の服のセンスがすてき」

などです。具体性や理屈無しに褒めると、「いい加減なことを言って！」とむしろ怒ります。

「自分らしくしていればいいよ」と肯定してあげるのもいいでしょう。〈自分のことを理解できるのはこの人だけ〉と思わせるのです。自分は理解されにくいと常に思っているアースタイプ相手だからこそのテクニックです。

デートはアースタイプの好きなジャンル――でなくて構いません。アースタイプは探究心が強いので、どんな物にでも興味を示し、掘り下げようとするからです。強いて言えば、そうした探究心を刺激する謎解きイベントやスタンプラリーがオススメです。

実はピクニックも良いんです。地面にシートを敷いてのんびりするとストレスを発散できます。自然の中でまったりするのもオススメですが、海より山の方がベターです。そう、アースだから！

Iron《アイアン》

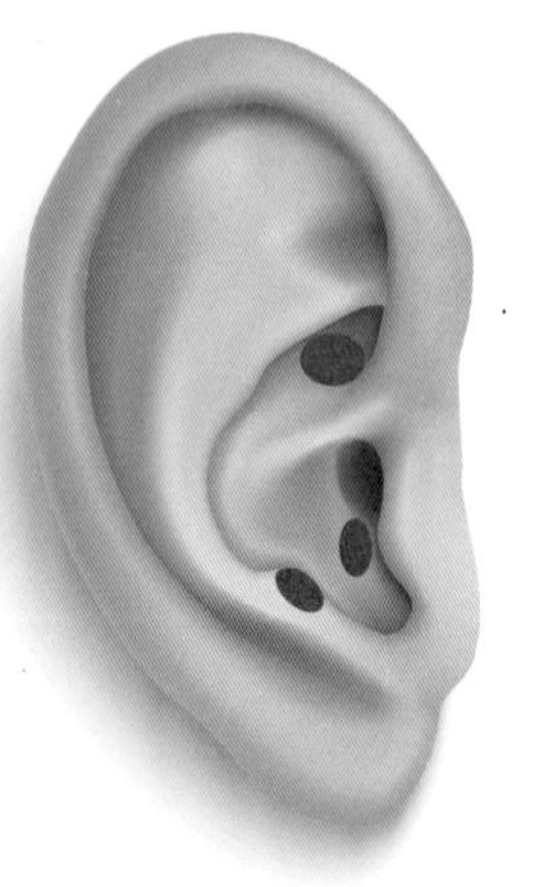

耳の穴の隣に赤みがある、また耳の真ん中を横に走る軟骨の上のくぼみの奥のほうに赤い部分があるのがアイアンタイプです。

「アイアン」タイプの行動パターン

アイアンタイプは一言で言うと「宇宙人」です。
他人からは何を考えているか分かりません。

そしてせっかち。結論をすぐ求めがちです。「ダメならいいよ」と。
手に入れるか、捨てるかの二者択一。それを直感で選び、失敗することも多いのですが、
くよくよしないのもアイアンタイプの特徴です。

己の道を切り開いていく強さがあります。
なので、実業家やベンチャー企業の社長にこのタイプは多いです。

「アイアン」タイプがとるべき行動

一度出した結論を、もう一度考え直すクセを付けましょう。
例えばメールはすぐに送らない。転職や結婚など人生の大きな決断は、「一週間後にもう
一回考えよう」と結論を先延ばしにするのもいいでしょう。

その際、自分とは違うタイプの人の意見を聞くのもオススメです。

向いている仕事は「営業」です。コミュニケーションが好きなのと、征服欲が強く達成感を得たいので、ノルマのある仕事がピッタリです。相手を説き伏せることに喜びを感じます。

ですがせっかちなので、説明の段取りを省きがちなのが玉にキズ。1と2のステップを省いて3から説明してしまったりします。ですので、プレゼンなどの時は言葉だけでなくスライドなどをしっかり作り、その順序に従って説明するようにすると上手くいくでしょう。

「アイアン」タイプへのアプローチ法

アイアンタイプは権力や影響力に対する願望を持ちます。

もしもアイアンタイプにパートナーシップを求めようと思ったら、とことん「自分と付き合うメリット」を「プレゼン」してください。

アイアンタイプは自分を高めてくれる人が好きです。だから役に立たない、自分を利用しているだけと分かると態度を翻《ひるがえ》します。一方で義理や人情に弱いところがあるので、恩義のある人を切り捨てられない性質があります。そこに上手くアプローチしましょう。

「アイアン」タイプにセールスしたい場合

アイアンタイプの選択基準は一つだけ。それは「面白いかどうか」ということ。その好奇心につけ込むのが得策です。例えば、

「これは誰も知りませんよ」

「あなたぐらいじゃないと、この良さは分からない」

など。ナンバーワンより〝オンリーワン〟になりたいタイプがアイアンです。

プロジェクトに引き込むのも大変効果的です。コミュニケーション力の高いアイアンタイプは不利な状況を覆す機転があります。起死回生を図るときに力を貸してもらうとセールスがさらにうまくいきます。

もしもアイアンタイプに「メソッド通り」のセールスを仕掛けても目もくれずに無視されるでしょう。なぜなら全くワクワクしないからです。

「アイアン」タイプが部下だったら

とにかく興味のないことはしたくない。モチベーションをどう高めるかが重要です。なので、キラーフレーズは、

「アイデアちょうだい」

「面白いからやってみようよ」

例えば新規プロジェクトを任せると、公私昼夜を問わず奮闘してくれます。難しいほど燃えます。本人にとって仕事は〈ダンジョン〉なのです。

ただしクリアすると途端に興味を失いますので、常に新しい仕事を与えて好奇心を途絶えさせないようにしましょう。

ご褒美を用意するのも大変効果的です。「これを成功させたら評価を上げるよう人事にプッシュしておくね」など、事前にリターンをほのめかしておくと、ますます意欲が高まります。

「アイアン」タイプと恋愛するなら

アイアンは単独行動に抵抗がありません。典型的な「おひとりさま」です。

なので、ひたすら自由にさせるのが長続きするコツです。

デートに誘う時は、あえて突発的なのがオススメです。前もって計画すると、束縛されていると感じるからです。突然の電話でも、取りたくなければ取らないタイプなので遠慮は無用です。「今から行っていい？」「今日会える？」と直前の連絡でも気が向いたら喜んで返事をしてくれるノリの良さがアイアンタイプにはあります。

ですので、前々から「そのすぐに動けるノリの良さがいいよね！決断できる人ってかっこいい」などと伝えておくと、「これでいいんだ」と学習して、その姿を相手に見せようと頑張ってくれます。

デートは相手の好奇心をそそる事や場所を提案しましょう。例えばゲームセンターやスポーツ観戦など、勝負事はアイアンタイプの大好物です。

アイアンタイプは好きなものは好き、嫌いなものは嫌いとハッキリ言うタイプなので、色々言われたり断られても悲観しないことです。だからタイミングが合えばデートする、その時が来たら結婚する、くらいの適当さで付き合うのがベターです。

Link《リンク》

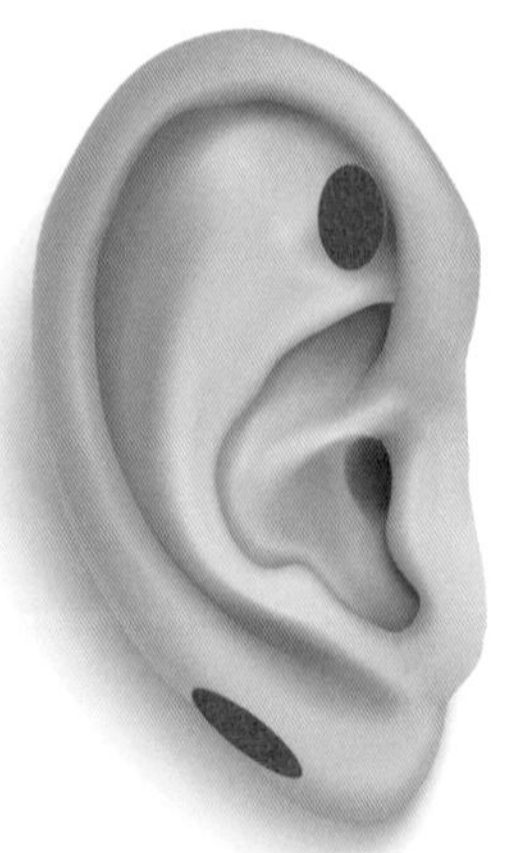

耳たぶの外側が赤みがある、また一番上のくぼみの奥が赤黒いのが特徴です。また耳が全体的に赤みが強いなどもリンクタイプの特徴となります。

「リンク」タイプの行動パターン

実は日本人の5割以上がこのリンクです。
「みんなと一緒が1番」というタイプです。
とにかくみんなと一緒だと安心します。そうでないと不安になります。これは日本の教育のあり方にも問題があるかもしれませんね。

このタイプの政治家は、いまいちパッとした人がいません。例えば細川護熙《もりひろ》元首相がこのタイプです。なんとなく影が薄いですよね。ですが芸術的なセンスには長けています。細川さんも書道や陶芸がお得意でしたよね。つまり「普通の人」「なんとなくいい人」と形容されるのですが、一度何かにのめり込むと「突き抜ける」タイプです。

すごい空想家なので、頭の中は「ファンタジー」でいっぱいです。見た目は地味であっても、頭の中では「自分は王子様」「私はプリンセス」と思っているフシがあります。傍からは分かりませんが、その空想が何かに触発され、化学反応を起こすと、とんでもなく大きなことをやり遂げる、そんな可能性をリンクタイプは秘めています。

「リンク」タイプがとるべき行動

自分の主張を溜め込みすぎてしまうのがリンクタイプの欠点です。納得していないのに我慢して、「本当はこうなのに…」と思いながら、大半は叶わず終わってしまいます。「自分なんて」と、自己肯定感が弱いのもリンクタイプの特徴です。自分が何かを成し遂げるなんて思いもしない。とにかくみんなと一緒でいい。ご飯のメニューもみんなと同じ。決定権を持ちたくないんです。

だから自分の気持ちは、ほかの人の意見との間でゆらゆら揺れてしまいがちです。なぜなら「みんなを傷つけたくない」から。一方で「私の気持ちを察して」と思っています。いわゆる「察してちゃん」が多いのです。でも、いくら自分の順番を待っていても、現実はそう平等にはできていません。

「周りに迷惑をかけたくない」とも思いがちです。でも、他人に迷惑をかけないように生きるなど不可能です。迷惑をかけたと思ったら「その分恩返しをする」という方向へマインドシフトしていくべきでしょう。

こういうタイプが道を拓こうと思ったら、「私は」など、自己主張の言葉を使うべきです。

そうすると少しずつ自分の考えを表に出せるようになります。

具体的な行動としては「水」に入るのもオススメです。溜まっている気持ちを洗いだす＝デトックスするためです。温泉やサウナ、海もいいですね。滝など水が流れる場所の近くに行くのも効果があります。

「リンク」タイプへのアプローチ法

リンクタイプは尽くしたい人です。誰かの役に立つことで自分の存在を認めてほしいと思っています。ですので「こうしてほしい」「あなたがいてよかった」と頼ってみるのが良いでしょう。ただし、あまり大きな依頼だとやる前から拒否されてしまいます。やる前に失敗したら怖いと考えてしまうからです。

そんな不安感の強いリンクタイプですので、「大丈夫だよ、失敗しても対応策があるから」など、危機回避の方法を一緒に伝えることでモチベーションをあげてくれます。でも「やっぱりできません」と急にドタキャンする場合もあるので、その対策はしっかりと考えておいてください。

「リンク」タイプにセールスしたい場合

「みんなが持っている」「人気ナンバーワン」という言葉に弱いです。欲しくないのに「みんなが持っているから」というだけの理由で買いたくなるタイプです。とにかく流行り物をすすめるのが1番です。

ただし契約しても、すぐにクーリングオフをしがちです。いくらみんなが持っているといっても、家や車など大きな金額が動くものは、さすがに簡単には乗ってきません。大好物はスピリチュアル系です。パワーストーンや占いなどには、金に糸目をつけない傾向があります。

結論的には、「信頼」がセールスを成功させる鍵です。具体的には〈信頼を寄せている人〉から勧めてもらったり、説得してもらったりするのが一番スムーズな方法です。

「リンク」タイプが部下だったら

不安にさせないのが第一です。なので、仕事を頼む時は、

「最終的にはこの時間までにやればいいから」

「取引先の部長には、こういうふうに言えばいいから」

といった保険を用意しておきましょう。

能力があるのに、大役を任せようとすると「できません！」と断られます。チャレンジをしたがらないからです。提案する側の忍耐が問われる人材です。

自分の気持ちを最後まで言葉にしないのもリンクタイプの特徴です。本心を聞き出すのには時間がかかりますので、選択式や匿名での意見提出を求めるのが効果的です。

「リンク」タイプと恋愛するなら

安心させることが肝心です。例えば、

「週に3回は電話するよ」

「年に1回は必ず旅行に行こうね」

といったふうに〈約束〉するのがポイントです。

そしてサプライズが大好きです。例えば、普通のデートと思わせておいて、「今から旅行に行こう」とか。おばけ屋敷や観覧車などもいいですね。いわゆる〈吊り橋効果〉を狙うのです。「こんな怖い場所に行く相手に自分を選んでくれた」とキュンとします。

基本の耳つぼストレッチ

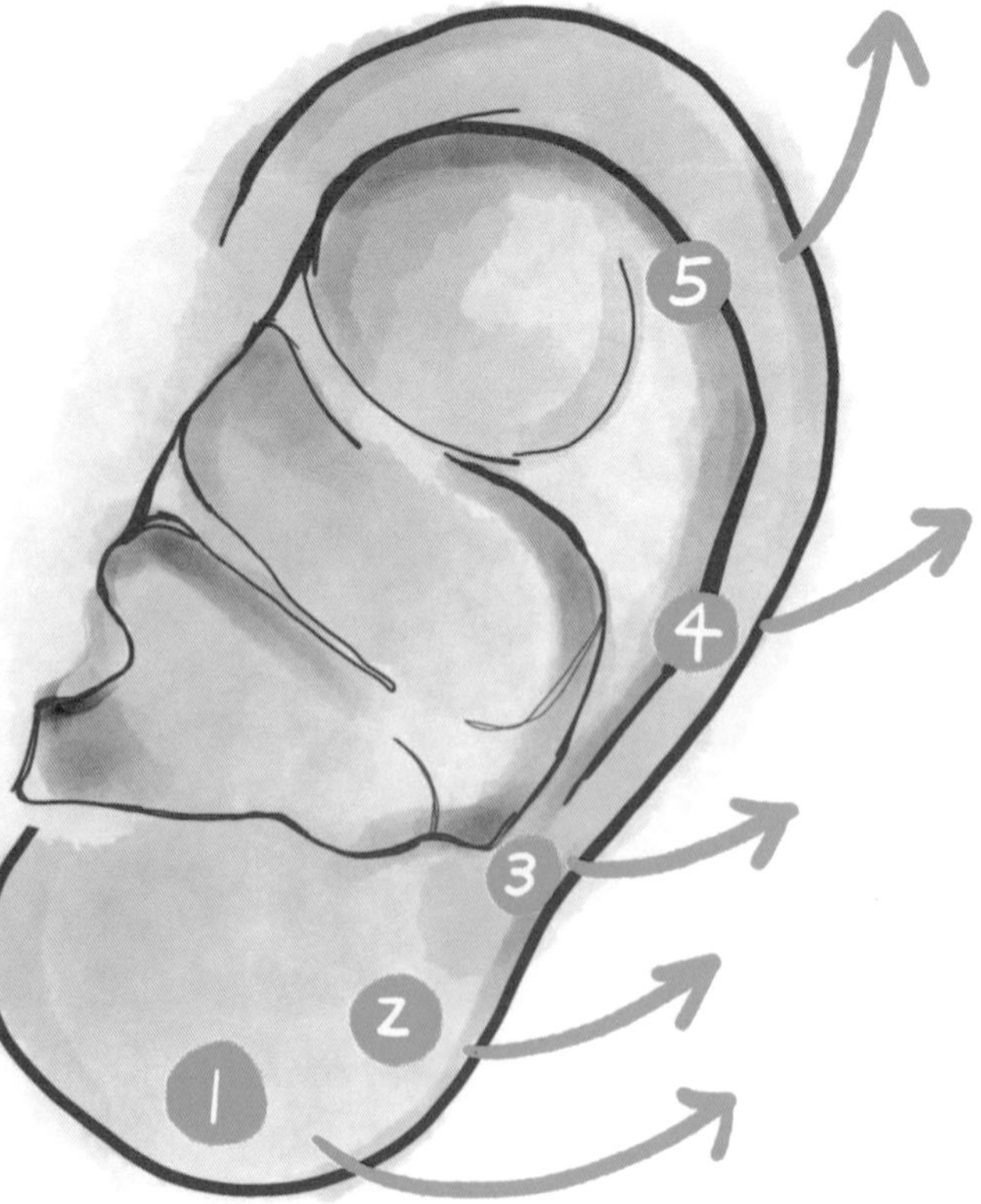

マッサージのポイント

- 斜め上に引き上げる ①～⑤のポイントで ゆっく～り長く伸ばすように
- 指先でこすり合わせるように③耳の縁に沿ってほぐす

- ポイントごとに押さえてみて痛みがある箇所を確認

ここからは、タイプ別に体調を改善するためのポイントや、反応点を刺激する耳つぼストレッチの方法についてご説明していきます。

まずは、基本の耳つぼストレッチのしかたをご紹介します。

どのタイプにも通じるテクニックですので、ぜひマスターしてくださいね。

「グリーン」タイプの体調改善ポイント

「眠りが浅い」「目が疲れやすい」方が多いです。

メンタル的には、完璧主義者ゆえ「他人に対してイライラしがち」です。

やると良いこと▼散歩、寝る時には電気を消す

遠くまで見える景色の良い場所を散歩しましょう。

眠りの質を高めるために、寝る際は部屋の電気を消しましょう。

目の不調は睡眠時の身体の緊張に影響します。遠くを見る、電気を消す、はどちらも　視神経の緊張をほぐすことになります。

寝る前に瞑想したり、宇宙の絵を見て広い空間に自分の意識を移したりして「心のキャパシティ」を上げておくこともオススメです。

やってはいけないこと▼夜ベッドに入ってからのスマホ、睡眠導入剤の過度の使用

夜ベッドに入ってからのスマホ、ベッドに入ってからの思考は眠りを妨げます。睡眠導入剤は「そうしなければ眠れない」という逆暗示にもなるため、「なくても眠れる」環境づくりを心がけましょう（医師から処方されている方は適量を守りましょう）。

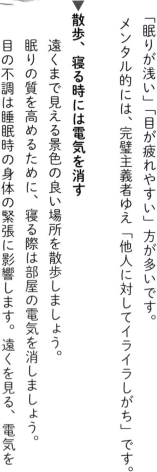

おすすめの食べ物

肉、魚介、ほうれん草、レバー、わかめ、発芽玄米、ＧＡＢＡ（脳の興奮を抑えて気持ちを落ち着ける。リラックス効果）を含む食品。

「グリーン」タイプの耳つぼストレッチ法

グリーンタイプは「耳たぶ」を重点的にストレッチするようにしてください。

どのタイプにも言えることですが、自分が今ストレッチしている部分を意識して行うことで「自分はどうなりたいか」を再認識して、実現に向かわせる効果があります。

特にグリーンタイプは寝る前にストレッチをし、体を温めてからベッドに入るとより良いでしょう。

「レッド」タイプの体調改善ポイント

「腸がちょっと緩みやすい」という体質的特徴があります。
メンタル的には「自己肯定感が低い」ところがあります。

やると良いこと▼お腹に手をあてる、日光浴

腸の調子を図るのは何といっても排便です。排便の周期が長い、おなかの調子が悪くて緩い、食べ物を制限していても痩せない、これらは腸の不具合が大きく関係してきます。大腸の不調は便秘や痔に、小腸の不具合はエネルギー代謝やめまいなどに繋がります。

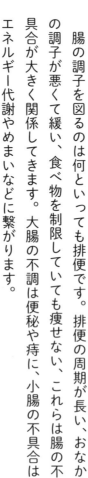

これらを改善するために、小腸を整える行動、お腹に手を当て手のぬくもりを感じながら腸の動きを促す習慣をつけましょう。また太陽を浴び太陽の熱に包まれる感覚を感じるのもよいですね。

やってはいけないこと▼カーテンを閉めっぱなしにする、エゴサーチ

目立つレッドタイプは嫉妬されやすいので、悪意のある不快な言葉が耳に入ってきやすくなります。その不快な言葉を聞くことはレッドタイプの運気を下げてしまいます。自分が不快に思う相手から自分へのマウントと思える言葉を聞くことや、他人からの評価を真に受けることをやめましょう。そうしたネガティブな言葉に打ち勝つために、心の免疫力を高めましょう。具体的には「嬉しい」「楽しい」「ハッピー」な環境にいる時間を増やすこと。いろいろなことを勉強して自分の得意分野を見つけ、それを深堀りしていくと「自分のカラー」を手に入れることができます。

おすすめの食べ物

赤や紫色の食べ物、オリゴ糖の含まれた食品（アスパラガス・カリフラワー・ブロッコリー等）、発酵食品（味噌汁・納豆・キムチ等）、ヨーグルト、チーズ等の乳製品。

「レッド」タイプの耳つぼストレッチ法

レッドタイプはサービス精神が旺盛なため、周りが喜ぶことに必要以上のパワーを使います。例えばメールをまめに返したり、嫌いな人にもあえて自分から誘って時間を過ごしたり……。それが無意識に心の負荷となって、耳鳴りやめまいが起こりやすくなります。

そんな時は「耳たぶの外側」にグッと力を入れてストレッチしましょう。耳たぶの外側を押さえたまま、３分間ほど様子を見ると、不調が収まってくるはずです。また耳鳴りやめまいは「無理をしているサイン」ととらえ、自分を休ませてあげてください。

「アース」タイプの体調改善ポイント

胸焼けや胃がムカムカするなど「胃」に気をつけてもらいたいですね。「口内炎や口の周りのできもの」にも悩まされがちです。メンタル面では「心を閉じがち」です。

やると良いこと▼裸足で公園を歩く、森や山に行く、頭の中を空っぽにする

アースタイプは常に自分の思考を中心に動いています。そして最低限の言葉しか発しません。「わかってほしいとは思っていない」のが基本姿勢なので、気持ちをさらけ出せる友人が極端に少なく、いたとしても似通ったタイプばかりなので、考えの違う人とのコミュニケーションが苦手です。なので、相手からも「何を言いたいのかわからない」という状況になってしまうのです。ですから相性の良い大地を裸足で歩く、森や山など自然の中に入って頭の中を空っぽにすると、少しずつ心の窓が開き、自分の「こうして欲しい」という気持ちを口に出せるようになるはずです。

やってはいけないこと▼時間を決めずにダラダラ作業する、相手を否定する

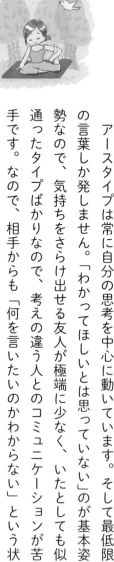

集中して没頭するのは良いのですが、「期間を決めて」行いましょう。期限を決めずにダラダラやると、それはいつしか「執着」となります。

あと、「なんで？」「そうかなぁ？」「ちょっとよくわからない」など相手を否定する言葉は避けましょう。意識して「そうなんだ」「なるほどね」「それは考えたことなかったな」など、肯定的な言葉を発しているだけで、クールな印象が劇的に変わってきます。例えば「ふーん」を「へーえ」に変えるだけで、他人が受け取る印象は変わりますよ。

おすすめの食べ物

根菜（大根、ごぼう、カブ等）、白身魚、鶏ささみ、白菜など。基本的に胃に負担の少ないものを選ぶようにしましょう。

「アース」タイプの耳つぼストレッチ法

「耳の内側のくぼみ」の壁を外に向かって押してください。人差し指を壁の内側にかけて、耳の後ろを親指で挟み、外に向かって耳を伸ばすようにするとよいでしょう。

ちなみに耳ストレッチをする時は、各つぼを「意識しながら」刺激すると効果大です。脳がその部位を刺激されていると感知することで、その部位への血流を増やし、機能の活性化につながるからです。特にアースタイプは理論派なので、そうした仕組みを意識しながら行うと、より良い効果を得られるはずです。

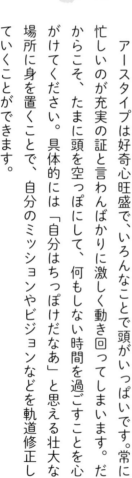

「アイアン」タイプの体調改善ポイント

アイアンタイプの体調的な注意点は、「喉」「鼻」、消化器官の不調である「便秘」です。つまり「管でつながった場所」を特に気をつけてください。
メンタル面では、何事にも夢中になる余り「周りが見えなくなる」ことがあります。

やると良いこと▽深呼吸、マイナスイオンを浴びる、活性酸素を除去する

アースタイプは好奇心旺盛で、いろんなことで頭がいっぱいです。常に忙しいのが充実の証と言わんばかりに激しく動き回ってしまいます。だからこそ、たまに頭を空っぽにして、何もしない時間を過ごすことを心がけてください。具体的には「自分はちっぽけだなあ」と思える壮大な場所に身を置くことで、自分のミッションやビジョンなどを軌道修正していくことができます。

やってはいけないこと▽行動を先送りにする、閉塞空間で不規則な生活を送る

常に自分の可能性を広げていきたいと思うアースタイプは、追い立てられているような慌ただしい生活を送っています。また、ワンマンになりやすく、人への伝達が苦手です。自分が分かるからと、ポイントだけを端折ってしまいがちだからです。どんどん行動を先送りして、突き進んでしまうと、周りはついていけません。

それを改善するには、時には立ち止まり、目の前のことに腰をすえて取り組んでみること。あるいは、開かれた場所で人と接し、規則正しい生活を送ること。そうすればワンマンから「カリスマ」への道が開けてくるかもしれませんよ。

おすすめの食べ物

レンコン・白ネギ・大根・ナッツ・はちみつ・香草（クレソン・パセリ・青じそ）・ショウガ。

アイアンタイプの耳つぼストレッチ法

アースタイプは深呼吸しながらのストレッチを心掛けてください。

「耳の穴のすぐ手前」に人差し指を当てて押します。そのまま大きな声を出すと声帯の広がりを感じるでしょう。このように喉につながるポイントを押さえていくと「言葉を出せずに溜め込んでいたストレス」も軽減していくはずです。

「リンク」タイプの体調改善ポイント

リンクタイプの方は、「耳鳴り」や「立ちくらみ」など三半規管、また生殖器の不調に注意が必要です。

メンタル的には「他人に振り回されやすい」面があります。

やると良いこと▼半身浴、サウナ、岩盤浴、滝など水のある場所に行く

リンクタイプは、デトックスしにくい「溜めこみ体質」です。ですので、常に「排出すること」を心がけてください。

優柔不断で流されやすいのも特徴。周りからの様々な意見やしがらみを、自分の汗や水の流れる場所で「うまく捨てていく」ことが大事です。

やってはいけないこと▼人の愚痴を聞く、長時間の立ち仕事、優柔不断な言動

優柔不断なリンクタイプは、他人から意見を求められたりするのが大の苦手。結局何も答えられず、可もなく不可もない、ただの〈いい人〉で終わってしまいがちです。

ですので最初から人の相談に乗ったり、愚痴を聞いたりするのはやめましょう。

また、いろんなものが溜まりやすい体質なので、長時間の立ち仕事はご法度。なるべく動いて、気や血液の流れをよくするよう、心がけましょう。

おすすめの食べ物

ひじき・大豆・そば・いちじく・ピーマン・オリーブオイル。

「リンク」タイプの耳つぼマッサージ法

デトックスには「耳の付け根」に沿って伸ばすように刺激を与えるのがオススメです。老廃物が排出されることで、むくみが取れたり、めまいが減ったり、乗り物酔いがしにくくなったりを実感できるはずです。

もちろんストレスも排出され、また同時に外から運気を取り込む「入り口」も開きやすくなるので、開運に繋がります。

第8章 「目的別」耳つぼMAP

「目的別」に体質改善のための耳つぼをご紹介します。

耳鑑定からは少し離れますが、仕事や生活の質を上げてくれるはずです。

ストレッチ方法は基本のやり方でOK。

押してみて特に痛い場所があれば、それが今のあなたのウイークポイントですので、重点的にやってみてください。

❶ 食欲を抑える
❷ 空腹感を抑える
❸ 代謝を上げる
❹ むくみを抑える
❺ 脂肪燃焼を助ける
❻ 肩の疲れを癒す
❼ ホルモンバランスを整える
❽ 眼の疲れに
❾ こめかみのリフトアップ
❿ 腰の痛みに

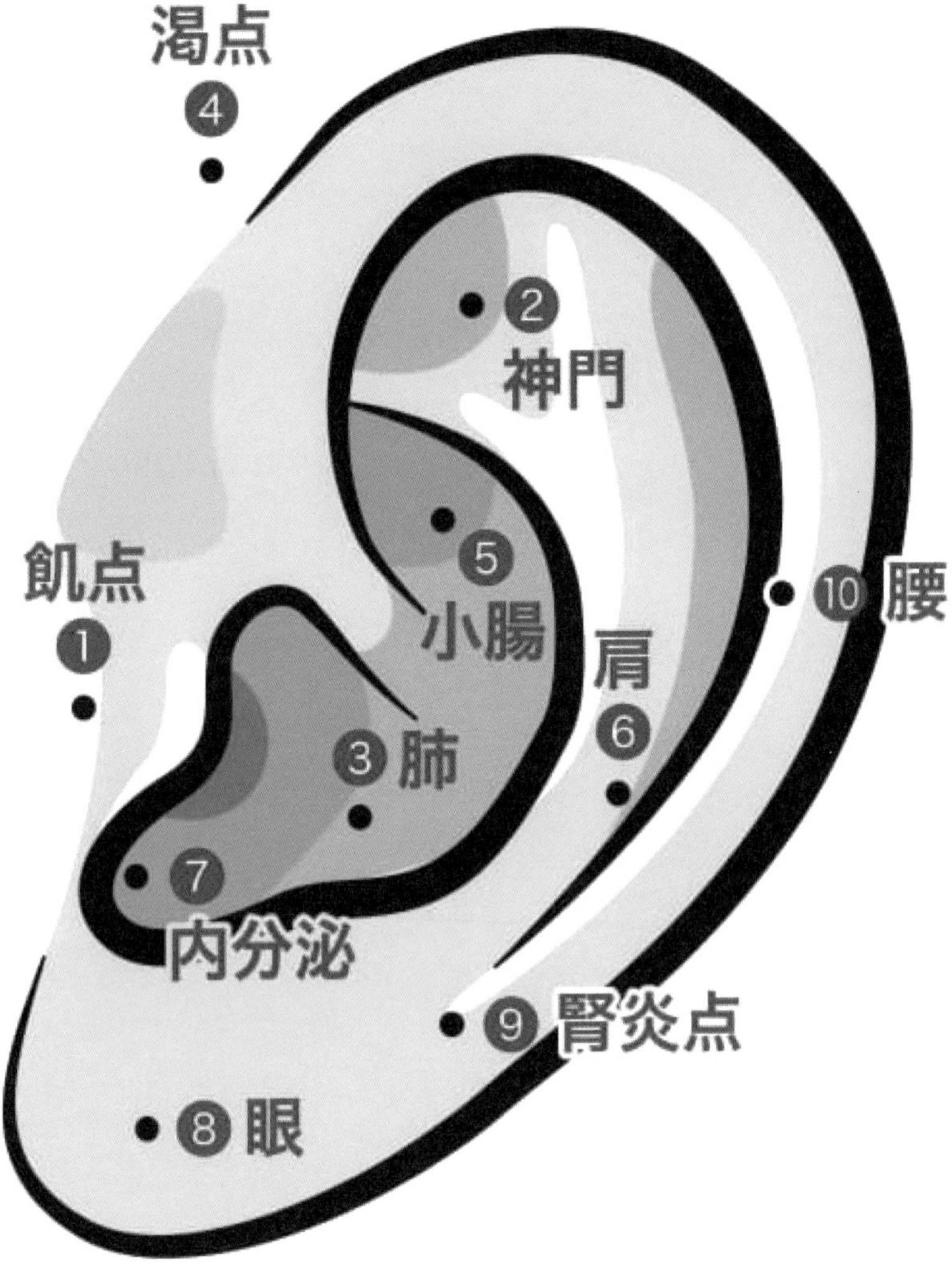
渇点
④
②
神門
⑤
飢点
①
小腸
⑩ 腰
肩
⑥
③ 肺
⑦
内分泌
⑨ 腎炎点
⑧ 眼

Column……………………………

女性を幸せにする「ブライダル耳つぼジュエリー」

「耳鑑定」を語る上で外せないのが「耳つぼ」の話。
WHOで確認されている体中のつぼの総数361点に対し、200点以上を占める耳つぼは、体調やホルモンバランスなどを整えるための健康スイッチです。
その耳つぼを効果的に刺激しつつ、見た目を華やかに彩ってくれるのが耳つぼジュエリーというアクセサリーです。

そして、この耳つぼジュエリーの特徴を活かしながら、結婚式を迎える新婦に最高の1日を提供するため、私が生み出したのが「ブライダル耳つぼジュエリー®」という世界初のサービスです。

結婚式当日、新婦は窮屈な衣装や極度の緊張などから体調を崩しがちです。それなのに、一生に一度の晴れ舞台ですから、いつも以上にすっきりしたフェイスラインや血色の良い肌ツヤが求められます。

さらに今、新婦の3分の1は妊婦、または出産後1年未満の乳児の母といわれれていま
す。日頃の子育てや家事の過労により、万全の体調でハレの日を迎えられない方がたくさ
んいます。体調が悪くても子どもへの影響を考えると安易に薬を使えません。

そうした新婦さんへの対策として、「耳つぼ」は最も安全な方法の一つですが、一般的な耳つぼシールは見た目が地味なので、せっかくの晴れ姿が台無しです。

ですがブライダル耳つぼジュエリー®は、ドレスや和装、どんな装いにも合うよう、アクセサリーをオーダーメイドします。それ自体がきらびやかなので、ウェディングの装飾にもなります。

おかげさまで多くの結婚式場に取り入れていただき、これまで2万人を超す新婦やそのご家族に施術をしてきました。特にお母様と一緒に行うことで「母娘の絆が深まった」というお言葉を頂いています。

また、チャペルでの結婚式や大きな披露宴会場では、ご両親やご祖父母様は遠くから手塩にかけた娘、孫を見守らなければならない場合があります。そんな時も、「耳つぼジュエリーのおかげで目のかすみが取れて、はっきり見えた」と評判です。

このように、さまざまな人たちを幸せにしてきたブライダル耳つぼジュエリー®の経験と知見を元に考案したのが、「耳鑑定」です。いわば、ブライダル耳つぼジュエリーの妹ですね。

多くの女性を幸せにするこの素晴らしい技術を、習得する人がどんどん増えています。私が会長を務めるブライダル耳つぼジュエリー®協会には、2021年10月現在1300人を超す協会員が所属しています。

耳鑑定が主にビジネスや人間関係構築、自己啓発に向いているのに対し、ブライダル耳つぼジュエリー®は結婚式に特化したブライダルサービスであり、子育て中の女性でも活躍できる仕事です。

耳鑑定の知識と同時にブライダル耳つぼジュエリー®の技術も得れば、新婦様のメンタルもアドバイスできて鬼に金棒、いえ〈新婦に耳つぼ〉です。

興味のある方は、ぜひブライダル耳つぼジュエリー®協会までご連絡下さい。

ブライダル耳つぼジュエリー®協会
HP　https://bridal-ear.com/

おわりに

「耳」は人生を照らす灯り

「耳つぼ」で病気を治せますか？　とよく聞かれます。

答えはＮＯであり、ＹＥＳでもあります。

「耳つぼ」は、耳にあるつぼを刺激するだけの極めてシンプルな手法で、人間の免疫作用を高めます。耳つぼは「電灯のメカニズム」によく例えられます。

例えば、目の前に真っ暗な部屋があったとします。

あなたは手さぐりで部屋の電灯のスイッチをＯＮにしました。そうしたら部屋が明るくなって、隅々まで見えるようになりました。

この場合、「電灯の故障が直ったから明るくなった」とは誰も思わないでしょう。単にスイッチがＯＦＦになっていただけで、それを「ＯＮにしたから明るくなっただけ」と思うはずです。

しかし、スイッチをONにしても電灯が点《つ》かなければ、それは明らかな故障です。何らかの原因で電灯のメカニズムが機能していないのです。

その原因は何か？　電球なのか、スイッチなのか、電線なのか……故障した部分を探り当て、修理すれば再び電灯が点いて、部屋を明るく照らしてくれます。

この「スイッチをONにすれば電灯が点き、部屋を明るくする」という単純なメカニズムを、人間の体にあてはめると「免疫システム」になります。免疫システムがちゃんと稼働することで、身体は正常を維持できるのです。

電灯と同じように、体がいつもどおり動かない、気分が悪いとなれば、何らかの原因で免疫システムが機能していないのです。

その原因は何か？　胃なのか、肺なのか、自律神経なのか……不調な部分を見つけ出し、免疫システムを整えてやるのが「耳つぼ」の役割です。

だから耳つぼを押して、結果的に体調が良くなった（部屋の電灯が点いた）としても、それは免疫システムが正常に働いた結果であって、耳つぼが病気を治したわけではありません。

ですが、免疫システムによる「自然治癒力」を高めることはできます。

耳に現れる「反応点」を見極めることで、相手の性格や行動パターン、自分が進むべき道まで明確に理解することができます。

だから私はこう思います。

耳つぼとそれを用いた「耳鑑定」は、身体の声に耳を傾け、脳と同じく未知の部分が多い身体の可能性を１００％活用するための、唯一無二の「スイッチ」なのだと。

この「耳鑑定」の本が、皆さんや、大切な人たちの人生を照らす「灯り」になれば幸いです。

著者プロフィール

後藤 恵（ごとうめぐみ　耳鑑定®協会代表）

大分県出身。結婚・出産後、育児をしながら耳つぼをマスター。2013年にブライダルに特化した「ブライダル耳つぼジュエリー®協会」を立ち上げ、結婚式場などでの施術と普及に努める。また、2万人の耳を見た経験から、耳には個人の性格や体調を表す「反応点」があることに気づき、統計や陰陽五行説をもとに独自の「耳鑑定®」術を発案。2020年に「耳鑑定®協会」を設立し、誰もが手軽にできるセルフケア術の普及に努める。フジテレビ系列「突然ですが占ってもいいですか？」に出演。「LINE占い」「Ameba占い」では初登場でランキング1位を獲得。

耳鑑定協会について

プロの耳鑑定®師の養成機関として2020年に設立。未来に対する自分の向き合い方やビジネスに対する展開などについても耳鑑定®や写真によるリモート耳鑑定®等を通じてアドバイスも行う。詳細はホームページ https://www.ear-expert.com/

Special Thanks to

企画・執筆協力　いからしひろき

イラストレーション　山﨑史香（やまさきふみか）

耳《みみ》鑑定《かんてい》

二〇二一年（令和三年）十二月三日　初版第一刷発行

著　者　後藤恵
発行者　石井悟
発行所　株式会社自由国民社
東京都豊島区高田三―一〇―一一　〒一七一―〇〇三三
電話〇三―六二三三―〇七八一（代表）
造　本　JK
印刷所　大日本印刷株式会社
製本所　新風製本株式会社